EL BESO DEL ALMA

María Gricelda Grández Aguilar

EL BESO DEL ALMA

Editado por: Corporación Ígneo, S.A.C.
para su sello editorial Ediquid
Av. Arequipa 185 1380, Urb. Santa Beatriz. Lima, Perú
Primera edición, junio, 2023

ISBN: 978-612-5078-94-0
Tiraje: 100 ejemplares

Hecho el Depósito Legal en la Biblioteca Nacional del Perú N° 2023-03778
Se terminó de imprimir en junio de 2023 en:
ALEPH IMPRESIONES SRL
Jr. Risso Nro. 580 Lince, Lima

www.grupoigneo.com
Correo electrónico: contacto@grupoigneo.com
Facebook: Grupo Ígneo | Twitter: @editorialigneo | Instagram: @grupoigneo

Colección: Nuevas Voces

CONTENIDO

Dedico este poemario a los que
disfrutan leyendo mis versos
y se sumergen en el sentimiento
que revela mi alma.

SEMBLANZA

Entre los brazos verdes de guayabas, naranjos y guabas, cobijada por un cielo azulado y seducida con tiernos gorjeos, creció la autora del poemario *El beso del alma.*

María Gricelda Grández Aguilar nació en el distrito de Huambo, en la provincia Rodríguez de Mendoza, departamento de Amazonas.

Con la pluma y el tintero escribe versos que sumergen en reflexivos remansos, como brotes del alma para una reflexión social. Es profesora de educación primaria, oportunidad que le permite disfrutar de sus poesías a través de la lectura, declamación y dramatización realizadas por sus estudiantes.

En su trayectoria escribió los poemarios *Susurro*, *La miel y la hiel* y *El beso del alma*, los cuales cobijan composiciones literarias donde se conjuga el verdor de la naturaleza con el sentimiento humano.

El beso del alma transmite el poder del perdón como la decisión que libera emotividades negativas, conjugando cada línea con el amor a la densa naturaleza, como también a la lacerada; a través de la imaginación, la inmensidad y la pasión por percibir un mundo diferente se recorren las palabras. El poemario presenta versos cuyas metáforas y rimas calan en el fondo del alma, en su afán por sacudir un mundo inerte que asola el universo.

El beso del alma

Rosas y espinas bordan mi destino.
Soy un peregrino que fatiga en agonía,
elevo las plegarias al cielo divino.
¡Un beso del alma cautiva a María!

El aire caliente reseca mi piel
como rayos del sol que tuestan la arena,
la tierra agrietada saborea la hiel,
el tierno pastizal muere de pena,
¡y el beso del alma salva al cruel!

Cuando desborda el torrentoso río,
anega sin piedad la verde pradera,
como penas que laceran de hastío
el corazón de la tierna obrera,
¡y el beso del alma se perdió en el río!

Cuando la arboleda se viste marrón
y el viento juega con su atuendo viejo,
desnuda su cuerpo un cruel ventarrón,
¡y el beso del alma lo vuelve verdejo!

Cuando la niebla enturbia tu camino,
y el miedo atormenta a tu frágil alma,
como hebra de seducción cristalina,
en un arrebato, el desamor te desalma,
¡y el beso del alma regala la calma!

Cuando el dolor cala tus huesos,
como torbellino de amor que enfanga la vida,
¡el sendero se oscurece buscando los besos
del alma que curan la profunda herida!

Lágrimas del niño que deambula en la calle
con olor a hambre, sed y desamor,
va cargando un recuerdo de un triste detalle
perdido en la sombra de su eterno amor,
¡y el beso del alma lo envuelve en calor!

La mirada firme del triste mendigo,
como luz opaca detrás de un cristal,
recorre el mundo buscando un amigo,
le canta en el alba el tierno zorzal
¡y un beso del alma le da un abrigo!

Una esperanza vacilante golpea la vida
como duelo que lacera un amor dormido.
Sutil hebra viva en mi corazón concebida
enlaza mis brazos buscando a Dios dolido,
¡y el beso del alma devuelve la vida!

Hombre tierra

Sacudo la chaqueta cargada de polvo
de esta tierra fértil que sacia mi hambre,
tierra que engendra la vida como un sorbo
y alimenta con pan y agua al hombre.

Encubierto del atuendo grueso y calloso,
camino doblegando filudas espinas.
Mi esencia activa el aroma seboso.
¡A lo lejos miro las verdes colinas!

Mi frente tostada con los rayos dorados,
mi cuerpo agotado se seca de sed,
busco en el cielo los granos perlados
¡como corazones amartelados!

Con talones callosos y agrietados,
como rocas partidas por el intenso calor,
con profundo amor por los hijuelos sembrados,
¡beso a la tierra con gran amor!

Mi pantalón sonríe al ver el sembrío,
mi camisa aplaude al son del viento
como zumba el cielo para alumbrar el río
y buscar la piedra para el cimiento
¡del techo del árbol en crecimiento!

Mis uñas abrigan un surco de tierra sagrada,
¡aseverando que abracé el suelo fecundo!,
que rasgué besando la fruta encarnada,
¡acariciando de rodillas el verdor del mundo!

El sol quema sin piedad mi áspera piel,
discurre por mi frente la gota salada de sudor,
¡me quito el gorro pidiendo la brisa al remanso fiel!,
percibiendo un intenso y pesado olor,
como mezcla guardada de campo y sudor.

Las huellas que dejan mis pies desnudos
¡reflejan el amor del alma vital!
Trajino desenredando los duros nudos,
¡con mi savia audaz y mortal!

Hueso, carne y alma

Tus labios rojos despiertan sonrientes,
mirando el vasto cielo azulado,
buscando a Dios que creó las fuentes,
que creó las aves, el mar y el escarpado.

En el cielo, en el aire y en el suelo,
sientes a Dios en la oración,
tus ojos aprecian el dulce riachuelo,
como el pajarillo en la estación.

Musitas ansioso entre tus duros dientes:
¿Dónde estás, Padre amado?,
y vuelves con tus miradas pacientes
a contar las estrellas del cielo labrado.

¿Quién puede ser tu creador
omnipotente, que no lo ves?
¡Está a tu lado como orador
y en las tinieblas es tu guiador!

Dios, que ama el murmullo del denso río,
la esencia envuelta de verde alfombra
como ave que enamora el grano del estío
y vuela al árbol que le da sombra.

Cala cabellos de fantasía
por desatar nudos misteriosos.
Cruza fronteras entre sus sueños
como los rayos intensos y furiosos.

¡Un Dios con rostro avejentado!
¡Figura de niño abandonado!
¡Con sudor a campo de surcos sembrados!
¡Es el triste mendigo de corazón lacerado!

Ves en sus ojos rayos dorados
que se ensombrecen con la amargura.
Vierten escarchas sabor a duelo
al ver el bosque palidecer
¡y a un mundo sumergido en la locura!

Callado voltea la difícil senda,
como el silencio que libera una tumba,
al ver un árbol añejo caer de agonía
y al dulce remanso desaparecer
en un triste anochecer.

Enmudecen sus labios de soledad.
El dolor en su alma es una agonía.
Semejanza de Dios con hueso, carne y alma,
¡qué carga el amor en su alma sombría!

Perú de mis ensueños

El mar reposa bajo tu cielo,
sus bravas olas besan las playas
como las nubes beben el hielo
y el sol dibuja inmensas rayas
¡bajo tu gloria, suelo peruano!

El mar, la costa, la sierra y la selva
tejen historias que mueven el alma
como gaviotas que agitan la brisa,
¡robando al niño la dulce sonrisa!

Vibran las luces en los tupidos arenales
como estrellas en el firmamento azul.
Guían el vuelo de tiernos zorzales.
¡El cielo peruano se viste de tul!

Las brisas desprenden granos de arena,
como el viento al polen de las hermosas flores.
Embellecen los jardines de la hermosa morena.
¡El suelo peruano muestra los colores!

El mundo divisa las cumbres heladas
como altares divinos que sosiegan el alma.
Galantes sostienen los grumos plateados
y esconden encantos que disipan calma.
¡Es el Perú de sueños sagrados!

Senderos viejos de piedras calizas
liberan el olor a fuerza, tierra y puna.
Sudor del indómito inca
que empapó el suelo cobrizo
al contemplar su verde finca
¡en el Perú mestizo!

Elevadas junglas verdosas
dibujan en el suelo serpientes plateadas
que nutren las praderas de rosas sedosas,
como agua que fluye en colinas laceradas
y humedecen las arrugas callosas
¡en tierra peruana!

Selva que labra sogas que besan el cielo,
como el aliento de aguas que acarician las cumbres,
viajan al firmamento para abrazar el hielo
y caen al suelo en dulces riachuelos,
humectando las flores blancas y rojas
¡del Perú de mis ensueños!

Dios humano

Ver a Dios en el rostro del mendigo
demacrado y arrugado, ambulando calles,
extendiendo las manos buscando un abrigo.
¡Solo ve los amarillos valles!

Con sus ojos tristes camina sediento,
besa la fuente de entre los pantanos,
se sacude su corazón hambriento,
¡triste y harapiento implora unos granos!

Cansado, repasa angostas veredas
como alma perdida en la sombra.
Le acarician suaves mantos de sedas
¡como una cálida alfombra!

Abraza su cuerpo en las noches frías
como la armonía en el cálido hogar,
su alma borda hebras sombrías,
¡El mundo distante aprende a amar!

El llanto de un niño atraviesa su mirada,
el bosque quemado, el río agotado
vigilan celosos a su dulce amada,
¡y el cielo contempla su corazón atado!

Encuentra oscuro cada amanecer
entre bulliciosos trinos de las aves.
Al terminar la faena se siente desvanecer,
¡soñando volar al atardecer!

Con la frente ceñida sigue su sendero,
ve al cielo cargando nubes oscuras
volando herido al triste jilguero.
Siente la sed de las vidas futuras,
¡ahogadas en el agujero!

Ve consumirse el agua de la fuente
como el nevado de los vastos Alpes.
Vislumbra el mañana de la gente.
rasguña el corazón del indolente,
¡que devastó el verde ambiente!

El mundo en los brazos

Dame la escarcha que se esconde en tu esencia,
quiero mitigar la sed que consume mi alma,
quiero entibiar mi sangre que arde de impaciencia,
curar con ternura mi adolorida conciencia.

Quiero beber el caldo que remoja la alameda,
inhalar suavemente el perfume del rosal,
como copos de nubes que el sol desenreda,
y enverdece el vasto pastizal.

Quiero coger las estrellas relucientes
e iluminar mi camino oscurecido
como candiles que alumbran retoños nacientes,
alejando al gorrión enfurecido.

Caminar despacio abrazando el mundo,
con una magia de amor alargar la vida,
ver levantarse sonriendo al moribundo
porque un tierno corazón mueve el mundo.

Buscar en cada llanto la pena escondida,
leyendo el pensamiento del triste mendigo,
como el amante que persigue la ilusión perdida
y ansioso espera el cálido abrigo.

Alumbrar el mundo con fuego de amor
y calmar la sed del suelo desolado
como la brisa del manantial que mitiga el calor
y refresca la piel del caminante abrumado.

Esconderme en el alma de los niños abandonados,
guiar sus pasos mitigando sus miedos
como el amor que cura corazones fatigados,
acariciando la vida con místicos credos.

Llegar al cielo como humo del mar,
mirar desde arriba la jungla perdida,
con brazos enlazados pedir amar
al Dios de los pobres y al alma herida.

Destino

Se ocultan las estrellas en el cielo enfurecido
como la pasión de un corazón enamorado,
como misterio en un bosque ensombrecido
¡que teje su manto sagrado!

La rosa oculta sus espinas
y acaricia sus pétalos con amor
como el viento que besa las colinas,
¡ventilando el tierno verdor!

Se ocultan los sueños en el alma dormida
como el sol en la fría oscuridad,
¡como la vida en la tierra bendecida
que germina verdeando su bondad!

Se oculta la sabiduría en la ignorancia,
la alegría en la tristeza,
¡como perfume que enfrasca la fragancia
de la rosa que cuida su pureza,
esparciendo con ternura su esencia!

Se oculta el hielo en las llamas
como la luz en las tinieblas.
Se lacera el corazón que amas
¡y se sumerge en densas nieblas!

Se oculta el pecado en la pureza
como el amor sublime en la indiferencia,
tu vida en el fuego y en la helada, presa,
¡atormentando la frágil esencia!

Se oculta una chispa en el camino,
como enigma del cielo divino.
Traspasa el bravo remolino.
Es la esperanza que guía el destino.

El cielo se nubla escondiendo la luna
como la tristeza oculta la dulce sonrisa
y ensombrece la vida en la humilde cuna,
¡con el destino a toda prisa!

El pan bendito

Siento latir a mi corazón
con mi alma triste y apenada.
Veo a mi madre con compasión
tocando puertas desconsolada.

La miro triste y me pregunto:
¿Qué busca mi madre con tanta prisa?
Y me responde mi sabia esencia:
¡Tu noble madre busca la brisa
que bese su alma con santa clemencia!

¡Busca limpiar la ropa con sus adustas manos!
¡Y mirar en el piso su dulce sonrisa!
¡Poner en tus manos el pan bendito!
¡Vestir tu cuerpo y nutrir tu mente
con ese mísero centavito!

¡Te alimenta con paciencia y amor
cual avecilla a sus tiernos pichones!
Camina el mundo venciendo el temor,
cobijando a sus verdes embriones.

¡Ella mira el cielo buscando a Dios,
con una plegaria de adoración!
Invoca la gracia para sus hijos.
¡Tiene esperanza en su oración!

¡Ella besa mis sienes con ternura!
¡Cuida mi alma con inmenso amor
como la virgen que al mundo cura
con su sagrado manto que da calor!

¡Mi alma se cobija entre sus brazos
como las estrellas en estratos plateados!
Se aparta mi vida de oscuros retazos.
Mi madre abriga con mantos sagrados,
¡y me sostiene con tiernos lazos!

Verdades

Ver la luz brillar en las tinieblas
como milagro que guía el destino.
Hilar los sueños rompiendo nieblas.
¡Encontrar a Dios en el camino!

Ver resbalar el agua del manantial
como el amor de la flor primaveral,
como el trémulo de rocío que escurre
al nacer el sol en el estío
¡al son del canto del zorzal!

Ver la sonrisa del hombre abatido
rompiendo el silencio con gestos de amor.
Ver en sus ojos sueños frustrados y
su alma marchita de cruel dolor.

Oír en el crepúsculo el ruido del silencio
como latidos de un corazón apasionado.
Ver abrigar la vida con un cálido lienzo
¡como la brisa que envuelve el ser golpeado!

Oír gorjear las aves en armonía,
escondidas en un denso follaje,
como concierto de dulce melodía
¡que ostenta firme coraje!

Oír a un niño rezar ante el sagrario
como místico que clama por perdón
y mira al cielo ofrendando su rosario.
¡Dios abraza su oración!

Sentir el aroma añejo del paisaje pantanoso,
como sueños que penetran en el espíritu indomable.
Al llegar al ocaso arrugado y canoso
enlazan matices de esencias domables,
¡abrazando al mundo glorioso!

Sombras y luces bajo la lluvia

Sombra que persigues subidas y bajadas en el camino.
Dios que abrazas las agonías del mundo agotado.
Remolino de amor que sumerges la pasión sombría
¡y renaces en el alma el amor sagrado!

Sombra del añejo árbol frondoso
como cielo cubierto con siluetas de nubes densas
que mitigan el calor del mundo laborioso,
consagrando el hogar de aves indefensas

Lluvia que remojas la dolida alameda
y florece de ilusión el vasto rosal,
como centelleo de esperanza que abriga al vencido
que se queja de dolor de un mal mortal.

Lluvia que hilvanas los mantos verdosos.
Con hilos plateados dibujas gladiolas.
Revolotean las mariposas de alas sedosas
como torbellinos furiosos que arrasan amapolas.

Estrellas que juegan en el cielo azulado
y alumbran los recodos oscuros del alma.
Dibujan la sonrisa en el rostro del niño callado
como luces de estío que esparcen en calma.

Estrellas fugaces que aparecen y desaparecen
como misterio asombroso en el infinito.
Estrellas grabadas en el seno de tu corazón
¡brillan en tu camino bendito!

Océanos que envuelven la tierra prodigiosa,
conciben con sus encantos la dulce inspiración.
El suelo sonríe al sentir sus besos
y libera brotes verdes de cálida emoción.

Océanos que cargan los sueños y recuerdos,
traspasan horizontes con un breve adiós
y abrazan continentes con brazos transparentes
como almas que se unen en lazos de amor.

Océanos que guardan misterios inciertos,
como junglas que esconden vivientes oscuros,
entrelazan hilos que cubren el cielo de los desiertos,
alejando del cristal los restos impuros.

Vastos vestigios del adiós de los amores
que cruzan fronteras cargando soledad.
Sus ojos perciben los paisajes de colores
y lloran en silencio por los amores de verdad.

Cautiva

Cautiva el atardecer del estío
como el perfume de la hermosa primavera.
Cautiva el remolino del torrente río
¡que remoja el verdor de la pradera!

Cautiva el alborear de la vida
que llega al crepúsculo con energía,
como la esperanza en el alma concebida
¡que contempla el cielo con lozanía!

Cautiva el glacial de una cumbre
que abraza con fuerza el tesoro,
como cielo que envuelve la lumbre
¡y libera destellos como el oro!

Cautivan las aguas del inmenso mar
como el amor que renace en el alma.
Cargan los sueños de un largo caminar
¡y la esencia se envuelve en calma!

Cautiva el manto verde del agitado mundo
que avienta un cálido aroma al destino,
despertando al peregrino moribundo,
¡y verde se convierte su camino!

¡Cautiva el rosal que perfuma la pradera,
embriagando con su aroma al labrador,
como la hierba marchitada de la dolida ladera
¡que libera el olor de su dolor!

Cautiva la ternura de los niños
que buscan el amor en los cálidos abrazos,
conjugan emociones ventilando sus cariños
y bordan fantasías en cálidos albazos.

Alma indomable

Veo ocultarse el sol del otoño
y con él mis tibias ilusiones
que nacieron como tiernos retoños
¡y untaron en mi vida intensas pasiones!

Mi camino se nubló de densos colores,
las estrellas rebalsaron en el inmenso cielo,
las flores perfumaron el viento seductor,
¡sumergiendo en aromas al verdoso suelo!
¡Abracé a mi amor!

Los ríos desprendían fuegos plateados.
En la fuente veía mi tonta sonrisa.
Mi motivo confundido en idilios atados.
¡Que se ahoga de amor entre la brisa
la hermosa poetisa!

Mis ojos veían bailar las estrellas doradas
al ritmo de los latidos de un corazón ilusionado,
como mar que oscila las gotas sagradas,
¡liberando el aliento enamorado!

Ese verso seductor atrapó mi corazón
como el aroma suave de la flor de un clavel
que cautivó al mundo con su dulce sensación
¡y llevó al alma a un vasto vergel!

Esos ojos deslumbrantes con sutiles miradas
tejieron cielos de ilusiones irrompibles,
cobijando mi mundo de fantasías dormidas,
¡embriagando mi savia con credos sensibles!

Alma indomable, cubierta de un apacible lienzo,
buscaba el néctar de la flor primaveral,
veía urdir los idilios dorados de los sueños
como misterio que oculta un hermoso rosal.
¡Y un beso rompió el cristal!

Ocaso

Las nubes distantes de tu cabello,
tu sol brilla en medio cielo,
las flores perfuman tu mundo bello,
¡te cobijas con un cálido terciopelo!

Es largo tu sendero, que recorres
opulento como el inmenso océano
cargado de savia, recuerdo y olvido.
¡Tu atardecer se ve lejano!

¡Entre juegos del viento otoñal,
con el golpe de un brusco remolino,
abrazabas las migajas de un madrigal
¡percibiendo el ocaso repentino!

Se opacan los brillos de tus tiernos ojos
como el agua que se enturbia de lodo.
Tus recuerdos se enlazan en manojos
¡como rayos de luz en un verde recodo!

Los sueños que brotan en tu aliento,
como capullo de la hermosa rosa,
escoltaron el trajín de tu espíritu sediento.
¡Recuerdas con amor a la hermosa Diosa!

Huyes de la sombra que nubla tu destino
como estrella fugaz que se escapa a prisa.
Arrastra un retazo de cielo cristalino
¡mientras tú besas con ímpetu la fresca brisa!

Abrazas tu cuerpo sujetando el alma,
escuchas suspiros y sientes tristeza.
Llegó el crepúsculo trayendo la nieve,
¡dibujando en tu rostro surcos de proeza!

Destino sombrío

Arrancar del alma sentimientos de amor
es como matar los sueños de un niño travieso
que piensa viajar en su nave de color,
¡llevando al cielo un dulce beso!

Arrancar la tranquilidad del aliento,
como el torbellino que cruza el camino,
sumerge la vida en vaivenes de tormento
¡y el pensamiento diseña el destino!

Desnudar la vida del hombre sediento
es lacerar su alma desamada
que carga la pobreza con arrepentimiento
¡y busca aprisa a su dulce amada!

La distancia de un amor divino
es un trozo de hielo que anega la vida
y sumerge el corazón en un charco de vino,
¡como el llanto que envuelve el alma herida!

Ver la esperanza cruzar las fronteras
como las aves que van buscando un hogar,
llevando el polen, dejando las anteras,
¡para los estambres que saben amar!

El silencio en un destino sombrío,
es la gota amarga que tiñe la savia
y estremece el cuerpo en el aire frío
como la gota turbia que cae en el río.

Tu ausencia en las noches de soledad
cultiva y acrecienta en la vida el temor,
conjuga hebras de susto, dolor y falsedad,
¡encogiendo el alma de triste furor!

Arropar el alma con blanco atuendo
como la nube que cubre el cielo azul,
percibir el corazón vivo latiendo
y un mundo vestido de tul
¡es una paz en el alma, naciendo!

Duelo de mi padre

Ojos dormidos miraban distantes
como luceros que alumbran el mar,
su piel marchita de triste amante
¡en vastos campos se doblaba a rezar!

Tenso suspiraba mirando al suelo
al ver los bosques palidecer.
Caminaba lento pidiendo al cielo,
la gota de agua para beber
¡y ver el mundo renacer!

Su alma atardecía con tristeza
viendo al universo envejecer,
al remanso cargar la impureza
y a la jungla verde desaparecer
¡y el mundo enmudecer!

Fatigado buscaba los árboles frondosos
como el ave que va tras la fuente,
levantaba sus ojos piadosos
¡y velaba el último brillo del sol poniente!

La brisa tibia besaba su piel
como la nieve a su ensortijado cabello.
Inquieto vigilaba el tierno vergel
¡y la cumbre liberaba un intenso destello!

Amor en su sangre, fuego en sus manos,
sentía silencio como fuerza divina.
Vencía los torbellinos y los pantanos.
¡Peregrino del sendero con espina!

Su atuendo simple, su alma era amor,
como Cristo vivo en un corazón.
Sus manos abiertas regalaban calor.
¡Besaba la tierra con tierna pasión!

Su aroma a campo, a pan y suelo,
su sudor cargado de grasa y sal.
Amaba la tierra, el agua y el cielo.
Miraba ansioso el dulce naranjal.
¡Era mi padre con su verde duelo!

Quisiera

Quisiera llegar al lecho del cielo,
esconderme como destello en la luna,
enfocar retazos doloridos de suelo
¡calcinando la mano que rompe la cuna!

Quisiera ver en las nubes a la virgen María
regando con perlas la arboleda verdosa
que cobija a las aves que cantan en sinfonía,
¡y florecer la alameda añosa!

Quisiera detener el sol en primavera
y jugar con las flores y estambres,
iluminar la oscuridad de la niñera,
¡mitigando su dolor y su hambre!

Abrazar las estrellas fugaces
como el amor que enlaza pasiones,
aplacando la sed del vehemente corazón
¡como riachuelo de los profundos rincones!

Besar el rostro del Dios piadoso
como alma errante que pide perdón,
que teje sueños en el mundo ansioso,
¡olvidando que la vida es un don!

Dibujar cometas en el infinito,
relucientes como las luces del sol
que iluminan al mundo bendito
¡y afloran en tinieblas como un farol!

Vagar en el espacio azulado
como silueta de misteriosas aves,
vigilando el denso poblado,
que viajan en viejas naves,
¡enturbiando el manto plateado!

Descansar debajo del árbol frondoso
como labriego que contempla su sembrío
y espera ansioso el fruto carnoso
¡con chicharras y grillos al albedrío!

Guiar al niño en su mundo triste,
al anciano abandonado en el camino,
sostener la fe, que Dios existe.
¡Sonreír repasando el destino!

Nuestro hogar

Los vastos bosques visten de amarillo,
lagos y ríos se tiñen de gris,
el cielo amanece color ladrillo,
¡los rayos solares parecen rubís!

La avecilla vuela cruzando un rosal,
abandona la jungla que huele a carbón,
busca hambrienta el grano vital
¡y la niebla sacude su tierno corazón!

Las tibias lágrimas del cielo
riegan los pastizales en agonía.
La gente del adolorido suelo
enturbia el remanso en su travesía
¡y sigue rezando en su romería!

Ciegos trajinan cargando la sed,
el verdor se extermina, el agua se termina,
el cielo se enrojece, las nubes se ennegrecen,
¡como el alma que con dolor declina!

Se escucha el grito del cielo,
del monte, del lago y de los ríos,
como gigante trozo de hielo
que se desprende en los estíos.

Al descansar el sol de su jornada,
y sentir la oscuridad que nos cala,
grillos y chicharras en la jaraneada
¡denuncian al hombre que el árbol tala!

Las tinieblas arrasan la vida
sin que nadie salve el planeta.
La razón se vuelve abatida.
¡La naturaleza no se respeta!

Tú, que ves, amas y piensas,
siembra un árbol en tu hogar,
vigila las vidas indefensas
¡como gaviota que vigila el mar
y levanta sus alas para amar!

Diosa de las noblezas

Mejillas rosadas y miradas profundas,
manos abiertas cubriendo el hambre,
llevando en el alma la tierra fecunda,
¡libando el polen de un estambre!

Con jolgorios de tiernas avecillas
caminas entre redes de verdes sogas,
cautivada por las rosas amarillas
¡y con su aroma te ahogas!

Despejas los densos manantiales
envuelta en espina y maleza.
Mujer con tus plegarias matinales.
¡Diosa de las noblezas!

Percibes el olor de la pobreza y el dolor.
Cuando un hijo se sumerge en tristeza,
unes tus retoños con un lazo de amor
¡como cielo que abraza la pobreza!

Tu aroma a hoguera lacerada,
como el pálido jardín en primavera
que abrazó a la dulce enamorada
que regaba al amanecer su parcela.

Tus sueños matizan el destino,
llevando a un niño entre tus brazos,
quemando el sentimiento en tu camino,
¡quedando las cenizas que dibujan lazos!

Desde el lecho de tu regazo
imploras al cielo con devoción,
tejiendo un dorado retazo
¡para ofrendar en una oración!

Ves resplandecer el sol naciente,
como llama de amor en el corazón.
Bebiendo sorbos del manantial paciente,
¡ahogas tu vida en cálida compasión!

La madera, el barro y el vergel,
mueven tu mundo laborioso,
cubiertos con retazos de oropel.
¡Brillas en el trabajo curioso!
¡Diosa de las noblezas!

Suelos divinos

Escarchada mañana de verano,
como granos de nieve en la cordillera
que humedecen el rosal avejentado.
¡Oxidada su verde cabellera!

Dorados rayos caen en la pradera,
como luces de faroles en las villas.
Alumbran los embriones en primavera,
¡vigilando en los surcos a las semillas!

La fresca brisa de los remansos
besa las sienes del caminante,
como las aguas en los descansos
¡rozan los bordes de los diamantes!

Ranas, grillos, chicharras y sapos
galantean el sueño en la oscuridad.
Se oculta la gente en viejos harapos
¡como luciérnaga en su soledad!

El agua corre dibujando ondas
como torbellinos en las alturas
que juegan con las hojas redondas
¡y las avientan con fuerza a las ranuras!

Ríos risueños cargan los remolinos
como las montañas a nubes densas
y guardan misterios como adivinos,
labrando las piedras con ruidos intensos
¡en suelos divinos!

El sol vigila la verde alameda
como el amor que nutre el corazón,
enfocando sus ricas canteras de greda
¡como hilos dorados que adornan un bastión!

La vasta naturaleza sonríe y llora,
¿quién le cuida su hermoso traje?
¿quién a su sombra la añora?
El mundo desnuda su hospedaje,
¡con el alma fresca a Jesús le ora!

La cumbre

La cumbre quiere un grueso abrigo.
Su cabello está helado
como los sueños del triste mendigo.
¡En el camino sucumbió congelado!

Sus duros ojos miran al cielo,
parece pedir el perdón a Dios,
seca sus lágrimas con blanco pañuelo
¡y a las nubes les da un adiós!

Sopla con fuerza los densos valles,
enfurecida por el deshielo.
Mira los ríos buscando un detalle
¡y un verde aroma lo regala el suelo!

Rayos ardientes cruzan sus rocas
como mirada del alma enamorada.
Dibujan anchas y plateadas bocas
¡que botan deshielo a la morada!

Brazos que cargan el agua dulce
como acémilas que cargan el pan.
Unen los brazos y nace un lago
¡que asombra al mundo como tulipán!

Vigila al bosque de las praderas,
su aliento besa la tierna luna,
guarda la helada como guerrera,
¡y a las aves que tejen la tierna cuna!

El sol se esconde en su espalda
como las ilusiones en el otoño.
Se oscurece la verde falda
¡y en la montaña luce un retoño!

En tu lecho escondes a las fieras
como el mar profundo a las estrellas
y las flores a las tiernas anteras
¡que cautivan a las bellas doncellas!

Miras lejos al ancho mar
como niño a su colorida cometa.
Sueñas llegar a la luna y alabar
¡al Dios humilde en su carreta!

Luz para mi alma

Me alejé del mundo que amo
como el sol que cruza las fronteras,
oscureciendo el hermoso ramo
que adornaban las bellas anteras,

Le dije adiós a la luz del camino.
Mi alma se envolvió en un manto de hielo
que doblegó mis sueños en el ondulado destino
¡y enlazó mis brazos clamando consuelo
en un bravo remolino!

Sentí mis sueños petrificados
como témpanos en los vastos glaciares.
Con el frío quedaron quemados
¡como aniego de grandes manglares!

Vi con tristeza mi trayecto recorrido
y un viejo sol que me ilumina cada paso.
Mil lágrimas brotaron de mi esencia escondida
¡y crucé el ocaso!

Vi la noche cargada de lodo,
lodo que abruma el verde retoño
que nació en un oculto recodo
en la sombra del otoño.

Se ocultó en mi alma una esperanza dolida
entre juegos de amor y profunda pena,
como la nube oculta la luna encendida
¡y el mundo lo percibe como una condena!

Fue corto mi camino de colores,
de flores, luces, aire y sonido.
Me llevaron al cielo a ver a mis amores.
¡Yo añoraba mi cálido nido!

Pregunté al silencio de mi mundo:
¿Quién llevó mi sonrisa de mis labios?,
¿el poder de mis fúlgidos luceros?
Y encontré la respuesta en mi savia:
¡Fue la sombra que nubló los senderos!

¿Quién entiende mi desesperación?
Soy un mundo rico, sabio y prudente
que construyó de la tristeza la inspiración.
¡Mis brazos enlazaron al creyente
sosteniendo el verde bastión!

Primavera

El cielo se viste de azul
como el manto de la virgen María.
El sol se envuelve con tul,
¡percibiendo el aroma de la jardinería
en la bella primavera!

Las brisas rodean los rosales
como gaviotas en el inmenso mar
conjugan sus notas musicales,
¡y levantan las alas para amar
en la bella primavera!

El viento juega con las flores
como olas con granos de arena,
esparcen suaves olores
¡y besan a la tierna sirena
en la bella primavera!

Sacude el suelo, el agua y el cielo,
envuelve de aromas al universo.
El mundo levanta su pañuelo
¡y las aves cantan un verso
en la bella primavera!

La bulla en los campos verdosos
cautivan las flores moradas.
Se mueven las copas frondosas
¡ocultando a los enamorados
en la bella primavera!

¡Primavera!,
que mueves los sueños juveniles,
enlazando los corazones apasionados,
apagando ilusiones febriles
en los jóvenes enamorados.

¡Primavera!,
que encantas a la vida
como el brillo de la hermosa luna,
la envuelves de emociones atrevidas
¡mientras el gorrión canta en su cuna!

¡Primavera!,
como rayo luminoso
que besa el océano fabuloso,
devuélveme el brillo de mis ojos
¡y el mundo seguirá laborioso!

Triste naturaleza

Gira la tierra pidiendo calma.
Bajo un cielo con nubes oscuras
arde el cuerpo, sufre el alma,
¡y el mundo verde con hendiduras!

El agua turbia cubre los mares,
como la humareda al cielo azul,
llora la selva de mil amores
¡y se arropan con pardo tul!

Merma el agua de los océanos,
como las diversas especies.
Secos y agrietados profundos pantanos.
¡Jóvenes arrugados como ancianos!

La tierra agrietada de dolor,
como heridas del alma humillada.
Su rostro viejo y sin color.
¡El azote aguanta callada!

¡Si abres los ojos verás al universo
pidiendo a tus manos sembrar una planta,
escribir al mundo un verde verso,
recoger sobrantes en una manta!

Cuidar el agua, aire y suelo,
ver tupirse de verdor el campo
y al picaflor encontrar el consuelo,
¡porque bebió el agua del cielo!

Abordar la limpieza del mundo,
abrazar la vida en la verde cuna,
vigilando el brillo de la luna
¡es amar la naturaleza!

Hilar el amor a la alameda,
escuchar a la chicharra al anochecer,
conjugar los sonidos a la orilla de un río,
besar el alma al amanecer
¡es amar la naturaleza!

Fuego del estío

Gracias, Señor, por la luz de mis ojos
con la cual percibo el bosque frondoso
atravesando el mundo, lo oscuro, lo puro,
¡y por el pajarillo volando medroso!

Percibo a las mariposas revolotear
acariciando a las nutridas anteras,
y al caudaloso río los recodos voltear,
¡remojando las verdes laderas!

Flotar el barco sobre el mar
como sueños que cargan el alma,
que abrigan la esperanza al amanecer
¡y la abandonan al anochecer!

A lo lejos, donde nacen las estrellas
y se opacan con las nubes oscuras,
como la vida turbia en el camino,
¡su corazón está vacío de ternuras!

Veo la comparsa sumergirse en alegría,
llevando por dentro una triste procesión,
y dentro de ella a la mujer que amo,
¡aflorando el alma con una oración!

Al lucero que ilumina el mar,
como farol en las frías tinieblas,
que acaricia la vida al andar
¡y rompe hebras de densas nieblas!

Veo la montaña envuelta de blancos mantos,
a los campos con color primaveral,
a los pajarillos que animan con cantos
¡despertando el amor pasional!

A la hermosa doncella al amanecer,
entre aplausos del cristalino manantial,
al hombre que amo hasta el anochecer
¡con su sabiduría inmortal
y su cuerpo de cristal!

Veo nacer el sol en el sombrío,
como el amor renace entre cenizas,
y su fuego besa el alma del estío,
despertando las dulces sonrisas.

Selva de amor

Donde el sol nace sonriente,
entre aplausos del cielo enamorado,
alimenta a la hambrienta serpiente
y el mundo repasa asombrado,
¡abrazando el verdor viviente
en la selva prodigiosa!

Entre estrellas danzan unas nubes
como comparsa que se dirige al altar,
matizando los colores en el cielo
como aves que aprendieron a volar,
¡y vuelven a besar el suelo
en la selva prodigiosa!

Misterios en la sombra verdosa
conjugan el bullicio en armonía,
canto, ruido y silencio que asombra
en la selva prodigiosa!

Al anochecer canta la chicharra
como mensaje de amor a la vida,
los duendes tocan la guitarra,
¡como gesto de despedida
en la selva prodigiosa!

Croan las ranas en los pantanos
mirando al cielo oscurecido,
anuncian al mundo con regocijo.
¡El verde suelo será bendecido
en la selva prodigiosa!

Entre las hojarascas del camino
aguardan las hormigas sus tiernas cunas
como centinelas que vigilan el destino,
de los monos que contemplan a la luna
¡en la selva prodigiosa!

Caminos embejucados y enraizados
despiertan el alma dormida,
exprimen aguasal de los enamorados
que buscan la cascada de perla vestida
¡en la selva prodigiosa!

Los bosques ocultan enigmas sagrados,
oliendo a campo y a vidas verdosas,
lavan las raíces las gotas perladas,
arrastrando las hojas sedosas,
¡en la selva prodigiosa!

Hay fuego en la sangre del perezoso
que se enfría sumergido en el remanso,
agranda los ojos y contempla el monte boscoso
¡en la selva prodigiosa!

Selva que ríe, selva que llora,
selva sagrada, selva de amor,
en tus entrañas, el hombre ora.
¡Bajo tu cielo sonríe Dios!

Mi sol

Un sol radiante en el mundo oscuro,
como la luna en la noche intensa
que vigila el alma de color impuro
¡y refleja en la alameda densa!

Los rayos dorados calan las nubes
como el amor en corazones rocosos,
envuelven hebras de olorosos perfumes,
relajando la mirada de ojos piadosos
¡que dibujan en el cielo dulces figuras!

Calienta con piedad los lánguidos brazos
como ceniza caliente del silencioso fogón.
Combina las emociones en verdes lazos,
¡prendiendo la chispa en el abandonado carbón!

Besa el cristal de las densas llanuras
como la brisa del mar a la piel ajada,
tocando el alma de esencias oscuras,
¡trenzando la mejilla arrugada!

Centinela de un niño en su libre albedrío,
ilumina en la soledad los vaivenes del camino.
Como la esperanza del mundo sombrío,
¡alumbra paciente las tinieblas del destino!

Seductor ardiente en un cielo azulado,
motivas a la gente a beber de la fuente,
a sumergirse en el remanso plateado,
¡vertiendo el alma incandescente!

Sol que brillas en mi oscuridad,
avanzas junto a mi alma dolida,
levantas caídas con tierna piedad
¡como el amor al mundo adolorido!

El sol que se esconde en tu esencia
como el amor en la intrépida primavera.
Renacen las espigas en clemencia
¡abrazando la vasta pradera!

¡Tu sol, mi sol, el sol!
Luceros que marchan con el alma
brillan briosos en el cielo como un farol
y recogen los pesares con calma.
¡El hombre besa el frágil crisol!

Fuego de amor

Los fuegos de tus ojos me encadenan
como doctrina adosada en los huesos,
como océano que envuelve a la nave,
¡y mi alma se ahoga en tus besos!

El fuego de tu sangre me aturde
como sueños que desafían el destino,
como cielo que envuelve una tormenta,
¡ocultando los destellos color vino!

Fuego de amor que liberas en mis brazos,
como aroma de la flor en el estío,
tejes retazos de ternura en coloridos lazos
¡que adornan el corazón sombrío!

Fuego de amor de tu alma indomable,
como río torrentoso que discurre la pradera,
sacude entre llamas al corazón mudable
¡y el intenso calor los latidos acelera!

Fuego que calienta el alma dormida,
como fogón de barro en la noche fría,
cobija el lecho desnudo de la niña decaída,
mitigando su dura agonía
¡en su senda sombría!

Arde tu fuego quemando el tierno amor,
quedando las cenizas vivas y muertas
como un montículo de añejo carbón
¡que esconde migas de llamas de calor!

Carbón añejo de un intenso amor
como lucero oculto en el inmenso cielo.
La brusca helada expiró su fuego
¡y el alma lloró sin consuelo!

Pasión que trastocó el alma enamorada,
te animó, te sanó y te ató,
su sangre ardiente besó la helada
¡y el fuego de amor se marchitó!

Caminante

Caminante entre las rosas perfumadas,
deshojando los pétalos de amor,
como amante que deshoja su historia
¡matizando su vida de color!

Caminante del sendero desolado,
como peregrino que repasa un jardín,
levanta sus ojos al cielo azulado
¡y dibuja entre las nubes un jazmín!

Caminante por la jungla misteriosa,
como ave que busca un sombrío,
percibe la fuente temerosa
¡y sus aguas se pierden en estío!

Caminante bajo el sol incandescente,
bajo la sombra de sus recuerdos
mira a lejos el manantial naciente
¡y un amor eterno le espera paciente!

Caminante de empinados senderos,
llevas a cuestas la sed y el hambre,
miras la prisa de algunos viajeros
que devoran ansiosos el rico fiambre.

Caminante en la luz y la sombra,
tu pálido rostro siempre sonríe
como la flor de la colorida pradera
que abre sus pétalos de alegría
¡al ver el día!

Caminante, rompes los muros del camino,
como el río que cruza tupidas fronteras,
tu alma joven conduce con vigor tu destino,
¡venciendo el brusco y cruel remolino!

Llegas al crepúsculo cansado de andar,
con tu esencia arropada de esperanza,
y levantas los ojos a Dios para amar.
¡Tu andar sembró amor y enseñanza!

Hombre madera

Mis miedos, mi sed y mi hambre se agotaron
bajo tu sombra, árbol frondoso.
Las penas de mi corazón en el vacío flotaron.
¡Se curaron mis heridas con tu amor piadoso!

Roble de tallo fuerte y firme,
sostenías tus frutos con savia de amor,
regabas el suelo con tu sudor bendito,
¡resina del esfuerzo en el campo de color!

Tu aroma verdoso llenaba mi alma,
hombre madera que tanto amé.
Tu mundo interno repleto de gracia,
que me robaba la ancha sonrisa.
¡Tu abecedario dictaba audacia!

En tus ramas tupidas de amor y nobleza,
los pajaritos de lejos llegaron a anidar.
Comían hambrientos de tu pobreza
¡y la alegría los hizo cantar!

Pajaritos sin plumas de almas puras
buscaban una cobija en otro nido
porque el hogar que un día tuvieron
¡era desnudo y destejido!

Árbol con rostro que sonríe y llora
con alma de fuego dormido.
Hombre que trajina, hombre que ora,
que ama los frutos de su amor vivido
¡abraza al mundo al ver la aurora!

El viento agitaba su desteñido atuendo,
el sol coloreaba su tierna mejilla,
su sangre con destellos de amor ardiendo
¡al ver brotar las nutridas semillas!

Era mi padre el hombre que amo,
corazón de amor, alma de sueños.
Cobijaba al mendigo y al desamparado.
¡Vive en el cielo con sus ensueños!

Un solo cielo

Entre el arrullo y trinar de las avecitas,
con aplausos del árbol frondoso,
se divierten sacudiendo sus alitas
los niños en el mundo copioso,
¡en la selva del Perú!

Liberan sus fantasías en el campo verdoso,
como el remanso a las brisas frescas.
Vivencian sus mitos con el alma animosos,
y el mundo verde se muestra airoso
¡en la selva del Perú!

Las leyendas moldean el alma sincera
como escultor a la rugosa arcilla.
El aroma de la tierna antera
enloquece a la hambrienta ardilla
¡en la selva del Perú!

Un solo mundo, un solo cielo, un solo suelo
conjugan colores y mil sabores.
Mar, rocas, bosques bajo un mismo cielo.
Los niños disfrutan al son de los tambores
¡en el Perú de los amores!

En las extensas playas limeñas,
los niños elevan la multicolor cometa
alborotando a las diversas peñas,
¡y a la gente que escucha la trompeta!

Las brisas suaves del inmenso mar
juegan con los cabellos rizados,
besan la piel simulando amar
¡y todos regresan hechizados
en la costa del Perú!

En el mismo suelo, entre la altura,
junto a los rebaños cantan las pastoras.
El fuso pulido en la fina cintura.
¡La niebla vigila a las bellas cantoras
en la sierra del Perú!

El viento desviste alisos y saucos,
como el sol al traje de la cordillera.
Las garzas repasan los verdes campos
¡como almas a las páginas de la vida
en la sierra del Perú!

Tu primavera

Las flores sonríen mirando al cielo,
las aves anuncian un nuevo amanecer,
el mundo despierta en un terciopelo
¡al ver el arroyo renacer!

Vivir entre aromas, sueños y sonrisas,
cogiendo relucientes estrellas para un amor.
¡Sentir el alma sumergida en las brisas
como los sueños que se pintan de color!

Entre el silencio, la bulla y el canto,
percibiendo tu alma en un espejo misterioso.
El brillo de tus ojos es el tierno encanto.
¡Tu primavera luce un mundo amoroso!

Entre cálidos sonidos de la naturaleza,
bordas hebras de amor en tu camino,
y un sol que alumbra con firmeza,
¡tu primavera marcó tu destino!

Si pudieras detener el sol de tu primavera,
alumbrar cada mañana la vida oscura,
ver el color verdoso de la vasta pradera
¡soñando con una copiosa aventura!

Ver el cielo envuelto de encajes blancos,
labrar perlas sagradas para nutrir el mundo,
colmando la sed de los secos barrancos
¡y aliviando la vida de un dolor profundo!

Ver el amanecer cargado de ilusiones,
inspirando el alma a continuar su camino,
alimentando la sangre de densas pasiones
¡y empapando de amor el incierto destino!

Esconder los recuerdos en el fondo del corazón
como estrellas en la profundidad del mar
inalcanzable al poder de la razón.
¡El alma los cobija al rezar!

Soy la tierra

Escucha bien, mundo hambriento,
soy tu refugio pidiendo amor.
Ensucias mi lecho con la basura
¡y mi cuerpo se parte de calor!

En mis rincones arrojas latas,
cortas las plantas sin compasión,
con veneno a los peces matas.
¡Eres viviente sin corazón!

Plásticos, cartones y zapatillas usadas
acumulas sobre mi tierna piel.
Caminas con emociones enojadas,
¡arrancando súbitamente el vergel!

Rompe mi carne las duras tuberías
que llevan el agua a tu hogar,
como cargas de pesadas artillerías
¡que al mundo lo hacen temblar!

El agua pura que bebe el sediento
llega a su alma y limpia su cuerpo.
Vuelve al mar sucio y violento.
¡Tus manos mancharon el dulce verbo!

Ayer vi verdear mis anchas laderas.
Entre ellas coqueteaban mis serpentinos ríos.
Hoy veo palidecer a la triste pradera
¡y el cielo refleja tristes sombríos!

Tus manos mutilaron mi árbol frondoso y
la cuna del pajarillo cantor
que animaba cada amanecer luminoso
¡como un misionero orador!

Los pajarillos buscan el fruto carnoso,
como nube que besa en el cielo un denso calor
y cae en gotas en el jardín borroso,
¡tupiendo las flores de un hermoso color
y el mundo lo percibe asombroso!

Luna de cara dorada

Luna que paseas por el maravilloso mundo
y ves a la niña que camina en la oscuridad,
que llora por dentro por su amor perdido
¡y mira al cielo pidiendo piedad!

Ves a la mujer que camina pensativa
llevando entre sus brazos su pequeño amor,
con su cuerpo frágil y su alma emotiva
¡busca en el mundo lazos de calor!

El labrador que vigila su pequeño sembrío
y sonríe con los brotes de algodón
levanta los ojos al cielo sombrío
¡sintiendo en el alma el sagrado don!

El río que llora de tristeza,
como la avecilla que perdió su nido,
ve el mundo sumergido en pobreza
¡y al frondoso árbol destruido!

Tú, que ves a los que lloran
y a un hermoso rostro que sonríe,
los afligidos misioneros que oran
¡esperan que Dios por el camino los guíe!

Al niño que cuenta sus viejos juguetes
y al que guarda los caramelos que vende,
como el hombre que llegó a su otoño
¡ocultando recuerdos en el jardín paciente!

La mariposa que vuela airosa
y prende las llamas en el inquieto polen
atraviesa con fuego su mirada ansiosa
¡y su alma sonríe celosa!

Al amor que se marchó sin un adiós,
sin poder mirar el rostro de su amada.
Al océano que trasladó corazones enamorados
¡quedando el alma lacerada!
¡Luna de cara dorada!

La vida es vida

Oír el trinar de las tiernas avecillas
y el canto de las ranas y lechuzas,
percibiendo el aroma de las rosas amarillas
¡y un mundo sumergido en brisas confusas!

Oír la melodía del río que viaja al mar,
sacudiendo vidas en su interno corazón.
Oír a los escondidos amantes susurrar.
¡La vida es pasión!

A la lluvia regar el adiamantado suelo,
empapando el mundo de fresca brisa,
como las nubes del vasto cielo
¡cobijan el lucero que viaja aprisa!

Oír el aplauso de la verde pradera
inspirando en la vida el sublime amor.
Como en la tierna primavera,
¡las flores contagian su color!

A la vida en cada escondite del universo,
como el viento que juega con las hojas secas,
como el río que desborda su denso caudal
¡y el cielo que remoja las pálidas cuencas!

Al silencio que te habla de esperanza.
Como la fuente que regocija el alma,
te mueve el corazón asombrado
¡y tu vida camina en calma!

Ver el desplegar de las hermosas golondrinas.
Como los petrificados sueños primaverales
que duermen en el alma como peregrinos
¡y levantan el vuelo en los invernales!

A la vida que mueve el hermoso rocío,
al mar inmenso calmado o brioso,
a la vida que llora, sonríe y ora,
¡la vida es vida calurosa o lluviosa!
¡Y el universo abriga la aurora!

Brotes de color

Las flores abrían sus hermosos pétalos,
la mariposa revoloteaba besando la antera,
los pajaritos trinaban anunciando el amanecer,
¡los desafíos embriagaban mi primavera!

Mi imaginación traspasaba el universo,
el miedo acechaba mi frágil alma
de cegar con mi áspero verso
a los únicos y tiernos brotes vivos
¡que se cruzaron en mi camino!

Me pregunté:
¿Cómo pudo abonar con paciencia y amor
a los pequeños y delicados brotes
que necesitaban escarchas, calor y color,
en este mundo sin sabor?

¿Cómo pudo ver sus raíces firmes en el suelo,
en la tierra árida en el pobre desierto?
¡Levanté mis ojos y percibí un azulado cielo
y a una nube que se alejaba del concierto!

Me pregunté:
¿Cómo pudo acrecentar el tallo y nutrir una vida
si el miedo vacilaba mi alma inocente?
Era idea en la mente concebida
¡que el mundo espere paciente!

Era fácil coger un trozo de desapacible greda,
pulirla con paciencia con las suaves manos,
como escultor que se sienta en una vereda
¡labrando con amor los sueños de veranos!

Pensé:
Puliré el bien que esconde el interior del alma.
Guiaré los pasos en un ondulado camino.
Cobijaré cada mundo en un manto de calma
¡como cielo que abriga cada destino!

Pensé:
Mi esencia cultivará cada brote encomendado,
mis manos acariciarán cada espiga naciente
como el agua que labra el cielo sagrado.
¡El amor construye la savia del alma
en los brotes de color!

Te faltó vivir

La ilusión empaña tu mundo ideal,
recorres cargando esperanzas y sueños,
entre nubes aspiras el juego material,
¡alejándote del mundo real!

Tu alma trajina a toda prisa
por caminos angostos, anchos y empinados.
En tu rostro se dibujaba una sonrisa.
¡Tejes los sueños como enamorados!

Flotas en el vacío al escalar el muro.
Apartando de tu vida un amor eterno
distante del mundo, tierno y puro,
¡abrazas peldaños de tu gobierno!

¡Pasa la vida por demás ligera!
Crecen tus brotes sin tu calor.
La energía de tu alma es pasajera.
En tu corazón se esconde el amor
¡como nube viajera!

Tu sol radiante se acerca al ocaso.
Las aves vuelan dejando el hogar,
se alejan del impasible brazo
¡y se cobijan en otro lugar!

La soledad sale a tu encuentro
como fría brisa que libera el mar.
Enfría tu alma como un trozo de hielo.
¡Tus recuerdos te pueden acompañar!

Se oculta tu sol oscureciendo tu esencia.
Lloras en silencio por el amor perdido.
Se lastima tu vida con golpes de conciencia.
¡Tu mundo está caído!

¡Dios en mi vida!

Un grito que nace del interior de mi vida
clamando a Dios por tanto dolor.
¡Nadie puede disipar la agonía del alma!
¡Solo el misterio divino que envuelve el amor!

Padre, te llamo y no me respondes.
Mis ojos te buscan, mis labios te invocan.
¡Te ofendí tanto y no llego a verte!
¡Las implacables llamas me sofocan!

¡Quién calma mi piel adolorida!
¡Quién consuela mi alma mustia!
Mi carne gruesa descolorida
¡como planta ahogada en el aniego!

¡Quién cura el mal que lacera mi vida
y mina sin piedad mi bendita existencia!
No escuchas implorar mi alma desprendida.
¡Sangra esta arcilla buscando tu presencia!

Mi dolor es inmenso como el mar,
mis venas se abultan, mi carne se desgarra,
mi oprimido corazón se cansó de amar.
¡Quiero vivir, Padre consagrado!

¡Doblo las rodillas, Padre amado!
Musito entre dientes tu cálido perdón.
Eres mi esperanza, mi salvación.
Late de tristeza mi corazón.
¡Quiero vivir con tu bendición!

¡Buscando un milagro me inclino al suelo!
Veo con asombro tu sagrada creación.
La tierra me concede el cálido consuelo
¡y mi alma se cobija en la oración!

Un cielo cubierto de infinitas estrellas
es el vestigio de tu celestial existencia.
¡Cómo no percibir tus intensas huellas
si la sustancia divina es mi esencia!

Llegó el otoño

Las hojas arropan los campos,
el viento juega con las hebras de tu cabello,
la alameda se desnuda para vestirse un nuevo traje,
¡y desprende del cielo un fino destello!

La rosa del jardín abraza sus pétalos.
Las aves vuelan a un vergel verdoso.
Se alejan haciendo intervalos,
¡buscando el fruto jugoso!

Las nubes cobijan el firmamento azulado,
el silencio llena las playas coquetas.
Como noches frías en los vastos escarpados,
¡se ocultan criaturas en sus oscuras grietas!

Los valles murmuran al son de las brisas,
las hojas cargan los tiernos rocíos,
como el amor que lleva las dulces sonrisas
¡y perturba el alma en los estíos!

La luna desteje los tupidos nardos,
y abraza la tierra con amor,
galantea en las noches de idilio,
¡matizando la vida de intenso color!

Vigila el jardín de brotes caídos
como enamorado a su dulce amada
que se ahoga en acelerados latidos,
¡con su alma hechizada!

Afloran las aguas en marchitos ríos
como olas sedientas buscando la orilla.
Entre murmullos urden vehementes líos
¡que remojan a prisa la pálida mejilla!

El sol se resigna entre las nubes.
Espera con ansias el cálido estío.
Confina angustiado sus sueños dorados.
¡Mitiga en la tierra un cardo brío
en el otoño sombrío!

Caminante apasionado

Vas caminando entre rosas y espinas
con luz que ancha tu frágil corazón,
bajo sombra de gruesas neblinas.
¡Tu sangre carga la roja pasión!

Bajas escarpadas y subes peldaños
con tu alma mustia vana en sueños.
En tu cuerpo llevas el peso de los años.
¡Tu alma vive en dulces ensueños!

Intentas volar bajo la lluvia
como gaviota que busca el cielo.
Eres la magia de los vivientes
¡que llega al fondo del tibio suelo!

Siembras las semillas sagradas
como labriego sumergido en amores.
Abonas las verdes espigas germinadas
¡y ansioso esperas los pétalos de colores!

Caminante que llegas a tu destino,
con tu mundo tupido de flores,
miras con firmeza el cielo azulino
¡y ves cobijar tiernos amores!

Las nubes descansan en tu cabello
como hilos de plata que bordan un manto.
En tus venas corren leves destellos
¡como el milagro de un buen santo!

Tu atuendo va perdiendo los colores,
tu alma se cobija en esperanza,
el sol brilla entre las bellas flores,
¡y tu sol siente la tardanza!

Selva mía

Selva mía,
te ahogas en el perfume de los valles,
naufragas en el aliento de ríos y lagos,
ves el cielo dibujar blancos detalles
¡y a la gente percibir dulces halagos!

Selva, que enmudeces en tiernos jolgorios
y misterios que asombran la esencia.
Escuchas las ranas croar en los charcos
¡pidiendo al cielo la santa clemencia!

Mientras el viento silva con fuerza
y desnuda al árbol frondoso,
trepan en sus ramas los monos curiosos,
¡disfrutando del fruto jugoso!

Tus sendas estrechas y empinadas,
tus plateadas y furiosas serpientes
abrazan las junglas dormidas,
refrescando los corazones calientes,
¡dejando las rosas vestidas!

Selva mía,
donde los rayos calientan los huesos
y dibujan siluetas en el camino,
desatan corazones que viven presos,
¡envueltos por los remolinos del destino!

Selva mía, donde bebes el agua del remanso
que fluye del corazón del verde suelo
y mitigas la fatiga en un tierno descanso,
¡unas aves besan el cielo!

Selva mía, que calas la carne del bohemio
y el alma del noble misionero,
enrojeces la sangre del fervoroso gremio
¡animando al triste pordiosero!

Selva mía, que cobijas con tu traje verde
y adornas con flores paradisiacas laderas,
conjugando la vida bajo tu cielo azulado,
¡abrazando con tu alma bellas anteras!

Dios derrama sus lágrimas de color,
lágrimas que nutren los ríos torrentes.
Selva mía, que sonríes y lloras de amor,
¡y liberas las llamas ardientes!

Escuelita de mi pueblo

Me volteo a mirar
mi niñez en el camino.
Encuentro mi escuelita
que marcó mi destino.

Cada mañana me dirigía
rumbo al patio del salón.
Mi alforjita abrazaba
un lápiz, un cuaderno y mi corazón.

Entre verdes arboledas,
bajo un techo de tejado,
se encierran los recuerdos
que a mi vida han bordado.

Su pared era tapial.
Abrigaba mis sentimientos.
El teatro matinal
despertaba mis talentos.

Su piso de tierra dura
pisoteaban mis desnudos pies,
y mi alma abrazaba
la enseñanza que perdura.

Una maestra cantora
animaba mi corazón.
Sus frases de gran mentora,
escribía en el pizarrón.

Entre cantos y garabatos,
disciplina en la lección.
En la iglesia los beatos
se sumergían en oración.

Entre canto de las aves
despejaba mi recelo.
La escuelita de mi pueblo
formó mis alas para el vuelo.

Sol y lluvia sobre mi cuerpo,
¡qué sombrillas ni capotes!
¡Estudiar era primero,
demostrando los grandes dotes!

¿Quién responde?

Me pregunto en el camino sombrío:
¿Por qué mi hermano se ahoga en llanto?
¿Por qué el dolor quebranta la vida
y pide el milagro de un santo?

Le pregunto a Dios:
¿Por qué los idilios muertos sin haber nacido?
¿Las semillas quemadas sin haber germinado?
Sueños frustrados sin haber intentado.
¡Batallas perdidas sin haber luchado!

¡Doblando mis rodillas miro al cielo!
Dibujo en las nubes el rostro de Dios.
¡Veo su sonrisa como gesto de amor
divino que abraza mi dolor!

Escucho su voz firme que sacude mi vida
como rayo de luz que alumbra el suelo.
La confianza santa reconforta mi alma.
¡Enfría mis venas como gránulo de hielo!

Me inclino con fervor a la tierra,
veo a Dios vestido de verde oscuro
pacificando la sangrienta guerra,
¡limpiando lo impuro de lo puro!

Escucho a Dios en el silencio,
en el sonido suave de un río,
en mi corazón enamorado del estío.
¡El mundo está lleno de vacío!

Lo veo en tiernas miradas de los niños,
en las aves que cantan en los follajes,
en la sonrisa de mi dulce madre,
¡que me transmite tiernos mensajes!

Dios que ves, oyes y sientes,
sonríes de amor y lloras de tristeza,
Dios de corazones pacientes,
¡Dios de alma valiente!

¡Dios de la pobreza, Dios de la riqueza!,
que abrazas las heridas del universo,
calmas la tristeza, con amor,
¡del que carga la cruz con dolor!

Destellos de amor

Veo a la pradera matizar sus colores
entre verdes hojas y flores moradas,
como el jardín de suaves olores
que perfuma las almas enamoradas
¡en sus silenciosos amores!

Veo el sol calmado en verano.
Sus rayos tibios abrigan la piel,
como el calor de un fogón lejano
¡que mitiga el frío de un corcel!

Los rayos dorados juegan en los oasis
como brisa del mar que enreda el cabello.
Dibujan hermosos arcos multicolores
¡y el paisaje esparce un fresco resuello!

La luz del astro alumbra el mar
como antorcha de amor en la sombra del alma,
sacude el juego de la sangre al amar,
¡y el corazón se ahoga en calma!

Veo a la luna desafiando las estrellas,
iluminando el sendero del iluso viajero.
Llegan a lo recóndito luminosas centellas,
¡despejando los escondidos agujeros!

Cortejan con el brillo a la hermosa doncella,
guían su camino en su soledad
que sueña coger la lejana estrella.
¡Se cobija con fantasías de deidad
y reza a la santidad!

Dibujan figuras en el claro manantial,
inquietando la vida del sabio orador,
como aves que bordean el colorido rosal,
¡y matizan al paisaje con un nutrido fulgor
los destellos del amor!

Querer

Quiero robar un retazo del azulado cielo,
vendar la tristeza que cargan mis ojos
al ver chorrear enormes témpanos de hielo.
¡Me anudan en enojos!

Vendar mi corazón que siente la agonía
del árbol frondoso que fue mutilado,
de las aves que volaron en triste sinfonía
¡al ver el suelo lacerado!

Vendar mis ojos despiertos
que perciben el bosque quemado.
Los pajarillos vuelan hambrientos.
¡El fruto fue agotado!

No quiero ver un mundo demacrado,
llorando en silencio su dolor,
ni al manantial seco y acabado
¡agrietado con el calor!

Quiero robar retazos de nubes grises
y cobijar las densas arboledas,
reverdecer con gruesos tapices
¡como las tiernas alamedas!

Robar el perfume de los jazmines,
enfangar el alma en su suave aroma,
como corazón sumergido en sedosos carmines
¡que de pasión se desploma!

Coger la lluvia con mis tibias manos,
mojar mi piel seca y arrugada,
llamar con el alma al lejano hermano
¡que se olvidó de abrazar su dulce morada!

Ver nacer el radiante sol entre la montaña,
como capullo de flor entre madrigales
que se abre al mundo como hazaña
¡traspasando los fúlgidos cristales!

Estrella fugaz

Una estrella fugaz dibuja en el camino
destellos de luz y hebras de sombra,
ahogando al alma en un dulce vino
¡y a la vida lo deslumbra!

Alimenta la esperanza de un amor sublime,
entre brisas que retuercen el destino.
La llama del amor al corazón redime
¡y dibuja el abrazo divino!

Refleja en el interno del mundo cautivo
un verso de amor que mueve un cielo,
como las tiernas flores en el jardín pasivo
¡que dispersan sus perfumes en el fértil suelo!

Nace la ilusión en el apasionado corazón.
Con el brillo de sus ojos ahoga en seducción y
una sonrisa saciada de tierna ilusión
¡roba la razón!

Se confunde entre las débiles estrellas,
se confunde entre las nubes de la cumbre,
como entre las rosas se pierden las doncellas
¡que deshojan los pétalos de las flores bellas!

El fuego del alma atraviesa el corazón
como el primer llanto que rompe el mundo.
La vida naufraga en una tierna ilusión
¡como la pasión del amor fecundo!

Su luz sacude la savia dormida.
Como el viento a las arenas del mar
anuncia al alma convencida
¡que la vida es para amar!

Árbol añoso

Veo florecer a las ramas del árbol añejo
como estrellas en el firmamento azulado,
verdear sus hojas en un tallo viejo
¡y esparcir su encanto al mundo asombrado!

Ávidas avecillas descansan en sus tortuosos brazos,
trinando inhalan el intenso olor vegetal,
como mariposas que bordean dibujando lazos,
¡sobre el aliento del claro manantial!

Veo las gotas de sudor del incansable labrador,
sus ojos ansiosos buscan la sombra del árbol,
sombra que mitiga su cansancio y su calor,
¡el árbol con flores de arrebol!

Veo las libélulas besar a sus tupidas flores,
como un rayo dorado a la verde ladera.
Mueven sus alas libando los sabores,
¡estrechando al árbol de la verde pradera!

Se deleitan en el polen los hermosos picaflores,
diseñando en las hojas escasas lumbreras.
Pican la flor de suaves colores
¡lejos de las ardientes hogueras!

Beben sedientos el néctar apacible,
conjugan zumbidos que seducen el alma,
ojean hambrientos el fruto sensible
¡y el cielo les contempla con santa calma!

Árbol añejo de corteza lacerada,
como pedazo de suelo que fue herido,
regalas al mundo la esencia sagrada,
¡árbol añejo de corazón sufrido!

Dolida naturaleza

Escucho cantar a las aves con melancolía,
rugir con fuerza a los felinos hambrientos,
sonidos intensos de violencia y cobardía
¡y una brisa con olor a fresco carbón
qué desgarra el corazón!

¡Las chicharras no cantaron al atardecer!
¡Las mariposas no volvieron a revolotear!
El cristalino manantial no quiso amanecer,
¡se empezó a secar!

Los pajarillos sedientos huyeron tras el fruto
carnoso y jugoso de la tupida pradera.
Con el plumaje opaco, escaso, hirsuto,
¡volaron de ladera en ladera!

¿Quién quemó la jungla fresca y verdosa?
Hoy viste trajes viejos multicolores,
de color triste, oscura, pálida y arenosa,
¡esparce tristes olores!

¿Dónde está el hombrecillo que devastó el bosque?
Como un huracán arrasó los nidos
de las tiernas aves que sueñan despiertas
¡y anochecen desatando nudos de tejidos
por sendas inciertas!

¿Dónde se escondió el medroso
que terminó con el vasto verdor,
el manantial y el grano sabroso
del mundo bicolor?

¡El cielo llora de tristeza!
Oculta el brillo de las estrellas.
El mundo se hunde en pobreza.
Arrastra en su alma las pesadas huellas
¡que arrancó la sagrada pureza!

Vida asombrosa

¡Escuchan mis anchos oídos
a las chicharras y pajarillos
que acompañan con sus agudos sonidos
desde los árboles con tallos amarillos
¡a los girasoles nacidos!

Veo a las mariposas revolotear,
conquistando los inquietos tigrillos.
En las verdes alfombras aletear
¡a los venturosos y coloridos tucancillos!

Percibo el aire puro y verdoso,
con olor a hojas y hierbas frescas,
perfuma mi mente con esencia sedosa.
¡La vida es asombrosa!

Sombrear debajo de un árbol frondoso
y escuchar el suspiro de una lechuza,
como el son de la brisa que besa la rosa
¡al verla como diosa!

Ver un cielo estrellado que cobija el suelo,
charcos y remansos entre oasis verdosos,
ranas cautivas croando de anhelo,
¡por presas escondidas en caminos rocosos!

Serpientes plateadas que recorren cerros boscosos
como colas de cometas en el firmamento.
En los robustos brazos descansan los perezosos
¡y en el profundo bosque, el mudo sacramento!

Las hojas con ternura cubren a los curiosos
como vendajes de neblina en el camino.
El mundo gira en sus sueños laboriosos
¡y el misterio del universo pinta el destino!

Verdes sogas que enlazan las voces sagradas
al compás de la brisa que besa el hermoso reino.
Pantanos, junglas y vidas consagradas.
¡Un espectro concebido
del universo nacido!

Hazaña

Sus miradas tristes repasan el cielo,
contando las estrellas una tras otra.
Es el niño que cuenta los caramelos,
se viste a prisa zapatillas rotas
¡y va a la calle a vender buñuelos!

Carga en el hombro cada mañana
vasija repleta de dulces que late,
su corazón enfrenta la hazaña
¡y vende el calmante chocolate!

Su rostro marchito recorre calles,
mejillas doradas por el radiante sol,
como hoguera caliente de brasa roja
¡que envuelve su alma como un farol!

Su tieso cabello lo mueve el viento,
como espigas que sacude la brisa.
¡Anima o golpea su sentimiento
un mundo sumergido en sonrisas!

Sus sueños eternos despiertan su esencia
como océanos a las voraces gaviotas.
¡Camina cargando el peso de su herencia
arrastrada de las vidas remotas!

El sol candente regresa al descanso,
abrazando al niño con un suspiro cálido.
La oscuridad lo encuentra en un remanso,
¡conjugando sobras con su rostro pálido!

Su pupila grande vuelve al hogar,
vasija llena de emociones vivas,
con los brazos abiertos para amar
¡a su amor sagrado en el altar!

Después del ocaso

Pensé vivir más de cien años de gloria
entre verdes helechos que tienden sus hojas,
entre las tiernas miradas de retoños del alma,
¡y entre los pétalos de las rosas rojas!

Mi trayecto fue largo, de duras jornadas,
mi savia oculta en el fondo de mi alma
que permite mirar lo oscuro del vítreo
¡y llevar a mi vida una santa calma!

Escucho el murmullo en el denso bosque,
miro al rocío colgar las hojas
como un mensaje divino que motiva mi vida,
¡en mi mente concebida!

Camino despacio después del ocaso,
liberando la hiel que a mi alma lacera,
regando con vino las heridas del fracaso,
¡y al terminar mi jornada, la aureola me espera
después del ocaso!

Entre dientes pregunto a mi esencia:
¿Qué busca la primavera en el hermoso jardín,
en sombra, en luz, en el gentío y en la ausencia?
¡Buscará la ventura en la flor del jazmín
que apasiona el alma como un intenso carmín!

Veo llorar de amor a las tiernas margaritas.
Sienten el hincón de severas espinas
que rozan sus almas como las frases escritas
¡que rompen escarchas heladas y divinas!

La savia de mi vida se vistió de pureza,
conjugando hebras de amor y armonía.
Nada sacude mi intensa firmeza,
¡camina entre la dulce melodía!

Trajino con certeza al anochecer.
Me ahoga un cálido placer,
como amante que se dirige al altar
¡con el corazón encantado para amar!

Hoy, nada lastima mi corazón sublime.
El sol viaja apañando mis tristes fatigas
como remolino que envuelve la pasión prendida.
¡Todo se volvió en migas
después del ocaso!

Calor humano

Quisiera llegar a las estrellas relucientes,
y cobijar mi alma con el brillo de ellas,
regar mi brillo en los jardines nacientes,
¡vistiendo de áureo las rosas más bellas!

Jalar retazos de nubes oscuras,
convertirlas en gotas con calor humano,
humedecer las espigas prematuras
¡alimentando la laboriosa mano!

Mirar de lejos la jungla dolida
que pide a gritos la escarcha perlada.
Rociar el verdor escondido,
¡con una suave garuada!

Mirar los espejos entre las alamedas
como el sol que vigila los mares.
Remojar las raíces de las arboledas,
¡mitigando la sed de las aves en sus hogares!

Quiero levantar vuelo a la inmensidad,
jugar con las estrellas y la luna,
traspasar como un rayo la densidad,
¡vigilando al niño en su frágil cuna!

Remojar el bosque que perdió color,
como los sauces en hermosas alturas.
Pintar el paisaje de un intenso color,
¡dibujando en el agua diversas figuras!

Quiero esparcir la paz en la tormenta,
como lluvia que cae en el torrentoso río,
buscar el pan bendito que alimenta
bajo el silencio de un sombrío
¡y encontrar a Dios que nos alienta!

Otros poemarios de la editorial

Levantando consciencias (Carolina Salazar Araujo)

Memorias de un sauce llorón (Uldarico Posada Santos)

Personas sin color que pintan vida (Valenti)

So do I (Stephanie Suito)

De las cazas (Marshall Clemente)

El hecho del error (Miguel Ángel Aróstegui)

Lilium (Dayanna Acosta Pinargote)

Versos ambiguos. Poesía autoficcional
(Gustavo Quintero Hernández)

www.ingramcontent.com/pod-product-compliance
Lightning Source LLC
LaVergne TN
LVHW091110150826
845673LV00002B/772

9786125078940